BEI GRIN MACHT SICH IHR WISSEN BEZAHLT

AF167025

- Wir veröffentlichen Ihre Hausarbeit,
  Bachelor- und Masterarbeit

- Ihr eigenes eBook und Buch -
  weltweit in allen wichtigen Shops

- Verdienen Sie an jedem Verkauf

Jetzt bei www.GRIN.com hochladen und kostenlos publizieren

Bibliografische Information der Deutschen Nationalbibliothek:

Die Deutsche Bibliothek verzeichnet diese Publikation in der Deutschen National-
bibliografie; detaillierte bibliografische Daten sind im Internet über http://dnb.d-
nb.de/ abrufbar.

Impressum:

Copyright © 2018 GRIN Verlag
Druck und Bindung: Books on Demand GmbH, Norderstedt Germany
ISBN: 9783346131386

Dieses Buch bei GRIN:

https://www.grin.com/document/514778

Noah Leber

Leistungsdiagnostik und Mesozyklusplanung für das Ausdauertraining

GRIN Verlag

GRIN - Your knowledge has value

Der GRIN Verlag publiziert seit 1998 wissenschaftliche Arbeiten von Studenten, Hochschullehrern und anderen Akademikern als eBook und gedrucktes Buch. Die Verlagswebsite www.grin.com ist die ideale Plattform zur Veröffentlichung von Hausarbeiten, Abschlussarbeiten, wissenschaftlichen Aufsätzen, Dissertationen und Fachbüchern.

Besuchen Sie uns im Internet:

http://www.grin.com/

http://www.facebook.com/grincom

http://www.twitter.com/grin_com

Deutsche Hochschule für

Prävention und Gesundheitsmanagement

Hermann Neuberger Sportschule 3

66123 Saarbrücken

Einsendeaufgabe

Fachmodul:	Trainingslehre 2
Studiengang:	Fitnessökonomie
Name, Vorname:	Leber, Noah

Inhaltsverzeichnis

1 Diagnose

1.1 Allgemeine und biometrische Daten

Tabelle 1: Allgemeine biometrische Daten

Name	Herr K.
Alter	20 Jahre
Geschlecht	männlich
Größe	170 cm
Gewicht	88 kg
VO_{2max}	36 ml/kg/min
Berufl. Tätigkeit	Krankenhaus, Transportdienst
Sportl. Tätigkeit	Seit 6 Monaten 1x pro Woche 20 min spazieren gehen
Trainingsmotive	Körperfettreduktion Steigerung der körperlichen Fitness, Nachhaltig etwas für den Körper tun
Zeitbudget für Training	3-4x pro Woche, bis zu 2,5 Stunden
Blutdruck	136-87 mmHg
Ruhepuls	78 S/min
Allgemeiner Gesundheitszustand	Keine orthopädischen, oder internistischen Probleme bekannt, keine Einnahme von Medikamenten

Tabelle 2: Ruhepulswerte (modifiziert nach Hollmann, Stüder, Predel & Tagarakis, 2006, S 93)

Altersgruppe	Herzfrequenz
Gesunde Erwachsene	60-80 S/min

Tabelle 3: Blutdruckklassifikationen der American Heart Association (modifiziert nach Mancia et al., 2013, S. 1265)

Blutdruckwerte		
Bewertungsstufen	Systolisch	Diastolisch
Optimal	Unter 120 mmHg	Unter 80 mmHg
Normal	120-129 mmHg	80-84 mmHg
Hochnormal	130-139 mmHg	85-89 mmHg
Hypertonie Stufe 1	140-159 mmHg	90-99 mmHg
Hypertonie Stufe 2	160-179 mmHg	100-109 mmHg
Hypertonie Stufe 3	Über 180 mmHg	Über 110 mmHg

Tabelle 4: Normwerte zur Beurteilung VO2max bei Männern (modifiziert nach McArdle, Katch &Katch, 2000, S. 362)

	Normwerte VO2max in ml/kg/min bei Männern				
Kategorie	20-29 Jahre	30-39 Jahre	40-49 Jahre	50-59 Jahre	60-69 Jahre
Sehr schlecht	< 33	< 31,5	< 30	< 26	< 20
Schlecht	33-36	32-35	30-33	26-30	20-26
Befriedigend	37-42	36-40	34-38	31-35	27-32
Gut	43-46	41-44	39-43	36-40	33-36
Sehr gut	47-52	45-49	44-48	41-45	37-44
Ausgezeichnet	> 52	> 50	> 48	> 45	> 44

1.2 Ausdauertestung

Der Ausdauertest wird aufgrund vieler wissenschaftlich abgesicherter Normwerte auf einem Radergometer durchgeführt. In der Form des Ausdauertests wurde der WHO-Test verwendet, da Herr K. keinerlei Erfahrungen bezüglich Ausdauertraining vorweisen kann und dieser Test sich besonders gut für Leistungsschwächere eignet. Eine Belastung von über 150 Watt, welche für den Hollman- Venrath- Test mindestens zu erreichen ist, wurde der Testperson vorerst nicht zugetraut. Auch die Stufendauer von 3 min wäre für einen Einsteiger etwas zu intensiv. Im Rahmen der Voreinstufung nach IPN steht die Ermittlung der Zielherzfrequenz als Abbruchkriterium im Vordergrund. Im Falle der Testperson bei einem Alter von 20 Jahren und einem Ruhepuls von 78 S/min und ohne Aufschlag auf die voreingestufte Herzfrequenz, da kein Ausdauertraining bisher vorhanden ist, liegt die Grenze bei 150 Schläge pro Minute (Institut für Prävention und Nachsorge [IPN], 2004, S. 4).

Tabelle 5: Fahrradergometertest

Biometrische Daten		
Geschlecht:	männlich	
Gewicht:	88 kg	
Alter:	20 Jahre	
Testdaten:		
Testform:	WHO- Test	
Eingangsbelastung:	25 Watt	Belastungssteigerung:	25 Watt
Stufendauer:	2 Minuten	Trittfrequenz:	60-80 U/min
Abbruchgrenze:	150 S/min	
Durchführung Eingangstest		
Datum:	08.12.2018	
Zeit:	Watt:	Herzfrequenz	Anmerkung:
0-2 min	25 Watt	102 S/min	
2-4 min	50 Watt	111 S/min	
4-6 min	75 Watt	123 S/min	
6-8 min	100 Watt	139 S/min	
8-10 min	125 Watt	146 S/min	
10-11 min	150 Watt	150 S/min	Zeit interpoliert
Gesamt:	137,5 Watt	Watt/Kg:	1,56

Herr K. erreichte bei der 11. Minute seine im Vorfeld ermittelte Pulsobergrenze. Somit durchfuhr er die 6. Stufe zur Hälfte. Demnach werden die 25 Watt dieser Stufe

5

durch zwei geteilt und zu den 125 Watt der komplett durchfahrenen 5. Stufe addiert. Dieser Wert wird wiederum durch sein Körpergewicht in kg geteilt um einen relativen, vergleichbaren Wert zu erhalten. Die Wattleistung pro Kilogramm Körpergewicht von 1,56 liegt unter dem Durchschnittswert für Männer im Alter der Testperson. Der Normwert für Männer unter 30 Jahren wäre hier bei 2,00 Watt pro kg Körpergewicht (IPN, 2004, S. 8).

1.3 Gesundheits- und Leistungsstatus der Person

Die Testperson ist orthopädisch gesund. Der Blutdruck der Testperson ist hochnormal und demnach leicht erhöht, der Ruhepuls ist im Normbereich, jedoch auch an der oberen Grenze. Somit sind diese beiden Parameter in einem akzeptablen Bereich, trotzdem aber kritisch zu betrachten. Eine Sportausübung ohne Einschränkungen aufgrund des Blutdrucks ist möglich (Hoffmann, 2001, S. 20). Der Leistungslevel ist wegen mangelnder sportlicher Aktivität etwas unter dem Durchschnitt. Kriterien hierfür sind die Erkenntnisse aus der Anamnese (VO_{2max}) und dem Leistungstest (Watt/kg- Wert). Aufgrund dessen ergibt sich eine vorerst eingeschränkte Belastbarkeit, die sich jedoch im Rahmen der Trainings steigern wird. Bezüglich der Trainierbarkeit gibt es keine Einschränkungen. Jedoch wird wegen des niedrigen Leistungslevels mit vergleichsweise niedrigen Belastungen gestartet.

2 Zielsetzung/Prognose

Tabelle 6: Ziele

Inhalt	Ausmaß	Zeit
Senkung Blutdruck	5 mmHg systolisch 5 mmHg diastolisch	6 Monate
Gewichtsreduktion	5 kg	5 Monate
Verbesserung VO_{2max}	15%	4 Monate

Viele eigene Ziele der Person ergeben auch aus gesundheitlicher Sicht Sinn. Daher können diese auch verwendet und umgesetzt werden. Eines davon ist, nachhaltig den

Körper zu trainieren und präventiv Krankheiten vorzubeugen. Dieses Ziel ist zweifelsohne sehr relevant, jedoch schwierig in der Festlegung von Ausmaß und Zeit. Angesichts dessen werden hier Feinziele festgelegt. Durch aerobes Training kann der Blutdruck gesenkt werden (Ketelhut, 2004, S. A3426). Es wird auch von einer „Senkung des systolischen und diastolischen Blutdrucks von ca. 5–11 mmHg bzw. 3–8 mmHg." (Thiele, Pohlink & Schuller, 2004, S. 401) gesprochen. Der Trainierende hat jedoch keine Hypertonie, sondern liegt im hochnormalen Bereich. Daher wurde ein vergleichsweise niedrigerer Wert zur Zielsetzung verwendet. Als Ausmaß wird ein Zeitraum von 6 Monaten angestrebt um den Wert von 136-87 mmHg dementsprechend zu senken. Um die angestrebte Ausdauerleistungsfähigkeit messbar zu machen, wird sich hier auf die VO_{2max} bezogen. Diese stellt ein wesentliches Kriterium zur Ausdauerleistung im aeroben Bereich dar (Eisenhut & Zintl, 2013, S. 62). Eine Steigerung von bis zu 25 % durch ein Ausdauertraining mit bestimmten Belastungsfaktoren ist nach Neumann, Pfützner und Berbalk (2007, S. 74) möglich. Aufgrund der starken Varianz des Steigerungspotentials und des geringen Trainingsniveaus in den ersten Mesozyklen wird in diesem Fall eine Steigerung um 15 % des Ausgangswertes von 36 ml/kg/min in den ersten 4 Monaten als absolut realistisch eingestuft. Um die gesundheitlichen Risikofaktoren zu minimieren wird eine Körpergewichtsreduktion um 5kg vom Ausgangswert von 88kg angestrebt. Diese bezieht sich auf die Reduktion des Körperfettes. Tremblay, Simoneau und Bouchard (1994, S. 814) bestätigten in einer Studie, dass hochintensives Intervalltraining einen höheren Fettverlust erzielen lässt als eine Vergleichsgruppe, welche mit der extensiven Intervallmethode trainiert. Zuvor muss der Trainierende jedoch an solche Belastungen herangeführt werden. Begonnen wird im Rahmen der Gewichtsreduktion mit einem Fettstoffwechseltraining um eine höhere Energiebereitstellung aus Fetten zu erzielen (Sidossis, Wolfe & Coggan, 1998, S. 513).

3 Trainingsplanung Mesozyklus

3.1 Grobplanung Mesozyklus

Tabelle 7: Grobplanung Mesozyklus

Dauer des Mesozyklus	6 Wochen
Belastungsumfang pro Woche	50-135 min
Trainingsziel	Aufbau, Stabilisierung und Entwicklung der GA1/GA2 Hinführung an Trainingsgeräte
Trainingsmethoden	Extensive Dauermethode
Belastungsintensität	60-70% Hf_{max} (extensiv)
Trainingshäufigkeit pro Woche	2-3x pro Woche
Trainingsdauer pro Einheit	20-45min (extensive DM)
Trainingsgeräte	Crosstrainer, Fahrrad, Walking (Laufband)

3.2 Detailplanung Mesozyklus

Tabelle 8: Detailplanung Mesozyklus

Woche 1	Montag	Donnerstag
Trainingsziel	Aufbau, Stabi GA1	Aufbau, Stabi GA1
Methode	Extensive DM	Extensive DM
Intensität	60-65% Hf_{max}	60-65% Hf_{max}
Herzfrequenz	108-117 S/min	108-117 S/min
Dauer	30 min	20 min
Gerät	Crosstrainer	Fahrrad
Woche 2	Montag	Donnerstag
Trainingsziel	Aufbau, Stabi GA1	Aufbau, Stabi GA1
Methode	Extensive DM	Extensive DM

Intensität	60-65% Hf_{max}	60-65% Hf_{max}	
Herzfrequenz	108-117 S/min	108-117 S/min	
Dauer	30 min	30 min	
Gerät	Crosstrainer	Fahrrad	

Woche 3	Montag	Mittwoch	Freitag
Trainingsziel	Aufbau, Stabi GA1	Aufbau, Stabi GA1	Aufbau, Stabi GA1
Methode	Extensive DM	Extensive DM	Extensive DM
Intensität	60-65% Hf_{max}	60-65% Hf_{max}	60-65% Hf_{max}
Herzfrequenz	108-117 S/min	108-117 S/min	108-117 S/min
Dauer	30 min	20 min	30 min
Gerät	Crosstrainer	Fahrrad	Crosstrainer

Woche 4	Montag	Mittwoch	Freitag
Trainingsziel	Aufbau, Stabi GA1	Aufbau, Stabi GA1	Aufbau, Stabi GA1
Methode	Extensive DM	Extensive DM	Extensive DM
Intensität	60-65% Hf_{max}	60-65% Hf_{max}	60-65% Hf_{max}
Herzfrequenz	108-117 S/min	108-117 S/min	108-117 S/min
Dauer	30 min	30 min	30 min
Gerät	Crosstrainer	Fahrrad	Crosstrainer

Woche 5	Montag	Mittwoch	Freitag
Trainingsziel	Aufbau, Stabi GA1	Aufbau, Stabi GA1	Aufbau, Stabi GA1
Methode	Extensive DM	Extensive DM	Extensive DM
Intensität	65-70% Hf_{max}	60-65% Hf_{max}	65-70% Hf_{max}
Herzfrequenz	117-126 S/min	117-126 S/min	117-126 S/min
Dauer	40 min	30 min	30 min
Gerät	Crosstrainer	Walking (Laufband)	Fahrrad

9

Woche 6	Montag	Mittwoch	Freitag
Trainingsziel	Aufbau, Stabi GA1	Aufbau, Stabi GA1	Aufbau, Stabi GA1
Methode	Extensive DM	Extensive DM	Extensive DM
Intensität	65-70% Hf_{max}	65-70% Hf_{max}	65-70% Hf_{max}
Herzfrequenz	117-126 S/min	117-126 S/min	117-126 S/min
Dauer	45 min	45 min	45 min
Gerät	Crosstrainer	Fahrrad	Crosstrainer

3.3 Begründung zum Mesozyklus

Zur Berechnung der Trainingsherzfrequenz wurde die Altersformel (American College of Sports Medicine [ACSM], 1998, S. 975) verwendet. Sie sieht für die Hf_{max} beim Laufen und Crosstrainer die Formel 220 – Lebensalter vor. Beim Fahrrad wird aufgrund der geringeren prozentualen Muskelbeteiligung mit 200 – LA gerechnet (Kindermann, 1987, S. 244-268). Der wöchentliche Belastungsumfang richtet sich in den ersten Wochen an die Hinführung, bzw. das Überschreiten des Minimalprogramms (Zintl & Eisenhut, 2001, S. 137). Dieses ist ausgelegt für Leistungsschwache und Einsteiger mit einer VO2max unter 40ml/kg/min, wie es bei Herr K. der Fall ist. Die Bruttobelastungszeit von mindestens 60 min pro Woche ist nach Woche 2 erreicht und wird fortan sukzessive gesteigert. Bezüglich des Umfangs ist das Ziel, eine Belastungszeit von 3-4 Stunden wöchentlich zu erreichen, welche das Optimalprogramm für das Ausdauertraining zur Verbesserung der Gesundheit empfiehlt (Zintl & Eisenhut, 2001). Dieses wird jedoch im ersten Mesozyklus noch nicht erreicht. Das Zeitbudget des Kunden von maximal 2,5 Stunden pro Trainingseinheit wird dabei beachtet. Als Trainingsmethode wurde für den ganzen Mesozyklus die extensive Dauermethode verwendet, um vorerst die Grundlagenausdauer (GA1) aufzubauen (Neumann et al., 2007). Im Rahmen des schon angesprochenen gesundheitlichen Minimalprogramms nach Zintl und Eisenhut (2001, S. 137) wird die extensive DM ebenfalls empfohlen, da andere Methoden in diesem Leistungsstadium nicht zielführend wären. Um jedoch effektiv an der aeroben Ausdauerleistungsfähigkeit zu arbeiten und die Basis für ein nachhaltiges Ausdauertraining zu setzen wird im selbigen Programm auf eine Intensität von ca. 60-70% der maximalen Herzfrequenz gesetzt.

Um das Ziel der langfristigen Körpergewichtsreduktion zu erreichen wird zunächst, wie in Aufgabe 2 beschrieben, mit Fettstoffwechseltraining die Basis geschaffen. Dafür ist ein Training im aeroben Bereich über mindestens 1 Stunde notwendig (Holloszy et al., 1998, S. 1011; vgl. Abb 72). Ziel ist es, im folgenden Mesozyklus einen Umfang von drei Mal 45-60 min zu erreichen Damit wird nach Berg (2004, S. 175) der Stoffwechsel begünstigt, was das Ziel der Gewichtsabnahme und der langfristigen Gesundheit von Herr K. zugute kommt. Um diesen Umfang zu erreichen wurde die Dauer im Schnitt um knapp 20 min pro Woche erhöht. Bezüglich der Trainingsgeräte lag der Schwerpunkt vor allem zu Beginn in der Kombination aus dem Radergometer und dem Crosstrainer. Der Radergometer bringt den Vorteil, der geringen koordinativen Anforderungen und die geringe Belastung auf die passiven Strukturen. Vor allem bei dem Trainierenden ist das wichtig, da er ein etwas höheres Gewicht hat und verhältnismäßig untrainiert ist. Die Vorteile des Crosstrainers . ist der hohe prozentuale Muskelanteil, welcher bei aktiver Armbewegung eine hohe cardiopulmonale Belastung und einen hohen Kalorienverbrauch schafft. Ebenfalls dafür spricht die geringe Belastung des Bewegungssystems durch die gleichförmige Bewegung. Dadurch kann der Trainierende hohe HKL-Belastungen erzielen mit geringen orthopädischen Risiken. In der fünften Woche wird das Walken auf dem Laufband in den Plan integriert. Auch bei dieser Bewegungsform werden verhältnismäßig viele Muskelgruppen aktiviert. Das Walken wird auch als Vorstufe zum klassischen Laufen auf dem Laufband gesehen und soll Herr K. langfristig darauf vorbereiten.

4 Literaturrecherche Effekte des Ausdauertrainings bei Übergewicht

Tabelle 9: Similar health benefits of endurance and high-intensity interval training in obese children (Corte de Araujo et al, 2012).

	Studie 1
Autoren	Corte de Araujo, Ana Carolina; Roschel, Hamilton; Picanço, Andreia Rossi; do Prado, Danilo Marcelo Leite; Villares, Sandra Mara Ferreira; Sá Pinto, Ana Lúcia de; Gualano, Bruno
Publikationsjahr	2012
Versuchspersonen	30 übergewichtige Kinder zwischen 8 und 12 Jahren ohne pharmakologische Behandlungen, ohne metabolische, hormonelle, orthopädische oder HKL-bezogene Erkrankungen, und ohne regelmäßiges Training.
Versuchsaufbau	Die Kinder wurden zufällig in zwei gleich große Gruppen aufgeteilt. Eine Gruppe absolviert ein HIT-Training mit 3-6 Sätzen von 60 Sekunden bei maximaler möglicher Geschwindigkeit gefolgt von einer dreiminütigen Pause bei 50% der maximalen Geschwindigkeit. Die andere Gruppe trainiert nach der Dauermethode 30-60 Minuten bei einer Intensität von 80% der maximalen Herzfrequenz. Das HIT Training war dabei ca. 70% kürzer. Zu Beginn und nach 12 Wochen Training wurden Aerobe Fitness, Körperzusammensetzung und weitere metabolische Parameter bewertet.
Ergebnisse	In beiden Gruppen gab es eine Erhöhung in der absoluten und relativen maximalen Sauerstoffaufnahme. Die Gesamtausübungsdauer wurde verbessert, die Geschwindigkeit wurde ebenfalls gesteigert in beiden Gruppen. Die Körpermasse ist bei der HIT-Gruppe stärker (2,6%) reduziert worden als bei der anderen Gruppe nach der Dauermethode (1,2%). Auch der BMI wurde bei beiden Gruppen positiv verbessert. Schlussfolgern lässt sich, dass beide Methoden gleichermaßen sehr effektiv sind, um eine Verbesserung gesundheitsbezogener Parameter bei übergewichtigen Jugendlichen zu erzielen.

Tabelle 10: Effect of endurance training on skeletal muscle myokine expression in obese men: identification of apelin as a novel myokine (Besse-Patin et al, 2013).

	Studie 2
Autoren	Besse-Patin, A.; Montastier, E.; Vinel, C.; Castan-Laurell, I.; Louche, K.; Dray, C.; Daviaud, D.; Mir, L.; Marques, M-A; Thalamas, C.; Valet, P.; Langin, D.; Moro, C.; Viguerie, N.
Publikationsjahr	2013
Versuchspersonen	11 übergewichtige, nicht an Diabetes erkrankte Männer
Versuchsaufbau	Die Männer nahmen an einem Ausdauertraining über 8 Wochen teil. Vor und nach dem Training wurden subkutane Fettgewebe- und Vastus lateralis-Muskelbiopsieproben entnommen. Die RNA wurde aus Fettgewebe Skeletmuskulatur hergestellt. Zu Beginn wurde die Insulinsensitivität getestet.
Ergebnisse	Festgestellt wurde eine Verbesserung der aeroben Kapazität, eine verringerte Fettmasse. Ein zweifacher Anstieg des Apelin-mRNA-Spiegels im Muskelgewebe konnte nachgewiesen werden, jedoch nicht im Fettgewebe. Die Veränderung dieses Spiegels hängt positiv mit der verbesserten Gesamtkörperinsulinsensivität zusammen. Zusammenfassend zeigt diese Studie dass das Training den Apelinausdruck bei Übergewichtigen hochreguliert.

5 Literaturverzeichnis

American College of Sports Medicine. (1998). The recommended quantity and quality of exercise for developing and maintaining cardiorespiratory and muscular fitness, and flexibility in healthy adults. *Medicine and science in sports and exercise, 30,* 975–991.

American College of Sports Medicine. (2006).*Guide-Lines for exercise testing and prescription* (5. Aufl.). Philadelphia: Lippincott Williams & Wilkins.

Berg, A. (2004). Sport hält gesund. *UGB Forum, 4,* 173–175..

Besse-Patin, A., Montastier, E., Vinel, C., Castan-Laurell, I., Louche, K., Dray, C. et al. (2014). Effect of endurance training on skeletal muscle myokine expression in obese men: identification of apelin as a novel myokine. *International journal of obesity (2005), 38,* 707–713.

Corte de Araujo, A. C., Roschel, H., Picanço, A. R., do Prado, D. M. L., Villares, S. M. F., Sá Pinto, A. L. de et al. (2012). Similar health benefits of endurance and high-intensity interval training in obese children. *PloS one, 7,* e42747.

Eisenhut, A. & Zintl, F. (2013). *Ausdauertraining. Grundlagen, Methoden, Trainingssteuerung* (Sportwissen, 8. Auflage (Neuausgabe)). München: blv.

Holloszy, J. O., Kohrt, W. M. & Hansen, P. A. (1998). The regulation of carbohydrate and fat metabolism during and after exercise. *Frontiers in Bioscience, 3* (15), 1011-1027.

Hoffmann, G. (2001). Hypertonie und Sport. *Deutsche Zeitschrift für Sportmedizin, 52* (7-8), 20.

Hollmann, W., Stüder, H. K., Predel, H.-G. & Tagarakis, C. V. M. (2006). *Spiroergometrie. Kardiopulmonale Leistungsdiagnostik des Gesunden und Kranken* (1. Aufl.): Schattauer.

IPN. (2004). *IPN-Test® - Ausdauertest für den Fitness- und Gesundheitssport.* Köln: IPN.

Ketelhut, R. G. (2004). Körperliche Aktivität zur Behandlung des ateriellen Hochdrucks. *Deutsches Ärzteblatt, 101* (50), A3426

Kindermann, W. (1987). Ergometrie-Empfehlungen fuer die ärztliche Praxis. In *Deutsche Zeitschrift für Sportmedizin, 38*(6), S. 244-268.

McArdle, W. D., Katch, F. I. & Katch, V. L. (2001). *Exercise physiology. Energy, nutrition, and human performance* (5th ed.). Philadelphia: Lippincott Williams & Wilkins.

Mancia G., Fagard R., Narkiewicz K., Redon J., Zanchetti A., Böhm M., Christiaens T., et al. (2013). The Task Force for the management of arterial hypertension of the European Society of Hypertension (ESH) and of the European Society of Cardiology (ESC) *European Heart Journal, 34*(28), 2159–2219.

Neumann, G., Pfützner, A. & Berbalk, A. (2007). *Optimiertes Ausdauertraining* (5., überarb. Aufl.). Aachen: Meyer & Meyer.

Sidossis, L. S., Wolfe, R. R. & Coggan, A. R. (1998). Regulation of fatty acid oxidation in untrained vs. trained men during exercise. *The American journal of physiology, 274* (3), 510-515.

Thiele, H., Pohlink, C. & Schuler, G. (2004). Hypertonie und Bewegung. Sportarten für Hypertoniker. *Herz, 29* (4), 401-405.

Tremblay, A., Simoneau, J.-A. & Bouchard, C. (1994). Impact of exercise intensity on body fatness and skeletal muscle metabolism. *Metabolism, 43* (7), 814-818.

Zintl, F. & Eisenhut, A. (2001). *Ausdauertraining. Grundlagen, Methoden, Trainingssteuerung* (BLV-Sportwissen, 5., überarb. Aufl., (Neuausg.)). München: blv.

6 Tabellenverzeichnis

BEI GRIN MACHT SICH IHR WISSEN BEZAHLT

- Wir veröffentlichen Ihre Hausarbeit, Bachelor- und Masterarbeit

- Ihr eigenes eBook und Buch - weltweit in allen wichtigen Shops

- Verdienen Sie an jedem Verkauf

Jetzt bei www.GRIN.com hochladen und kostenlos publizieren